Un héritage familial

La peur du manque

FSC
www.fsc.org
MIXTE
Papier issu
de sources
responsables
Paper from
responsible sources
FSC® C105338

EDWIGE WOLF

La peur du manque

Autobiographique et développement personnel

Édition : BoD · Books on Demand, 31 avenue Saint-Rémy, 57600 Forbach, bod@bod.fr

Impression : Libri Plureos GmbH, Friedensallee 273, 22763 Hamburg (Allemagne)

ISBN : 978-2-3225-5568-0
Dépôt légal : Mars 2025

Remerciement

Aux femmes de ma lignée, blessées mais guerrières avant tout.

Sommaire

CHAPITRE 1

L'héritage de nos ancêtres, un cadeau ou un poison ?

« *Naissance, corps, héritages, jusque dans le secret de nos cellules, le monde qui nous est accessible devient entièrement réglé, dicté, dédié, administré.* »

De Franck Hammoutèn

"Je ne mérite pas"

Aucun texte, aucune loi porte une liste de nom spécifique de ceux qui méritent et ceux qui ne méritent pas. Nous avons tous le droit de croire, et de mériter.

Lorsqu'on parle d'héritage, avec nos proches, nos amis, bien trop souvent, nous ne communiquons que sur tout ce qui touche à l'aspect financier ou matériel. Pourtant, il serait essentiel d'ouvrir ce type de conversation sur d'autres aspects de cet héritage. Cela pourrait ouvrir les consciences et mettre en lumière nos propres blocages.

En effet, il est question des mémoires de nos cellules. Un héritage qui se transmet de génération en génération : la mémoire transgénérationnelle. De plus en plus d'études et d'experts scientifiques valident cette théorie, notamment sur les marqueurs génétiques des rescapés de la Shoah et chez leur descendant, pour ne citer que celui-ci. Les résultats sont frappants, même dans les différences de la finalité de l'expérience (personnes décédées ou survivantes) on relève différents marqueurs.

Parfois, nous ne mettons pas le doigt sur ces transmissions, ce sont des valeurs ancrées en nous, sans savoir réellement pourquoi. Ne t'es-tu jamais dit, ce n'est pas pour moi, sans vraiment savoir pourquoi ? C'est là toute la difficulté de ces mémoires.

Arriver à les reconnaître, et à comprendre que ses pensées ne sont pas les nôtres est un exercice difficile à mettre en œuvre.

Nous sommes face à des situations, des schémas qui se répètent inlassablement, depuis des générations en générations. Elles traversent les époques, et brident notre pensée.

Il arrive qu'elle soit plus explicite, plus reconnue, lorsque, enfant, nous entendions les mêmes phrases répétées par nos parents : « L'argent, ça ne pousse pas sur les arbres » ou encore « Il faut travailler dur pour gagner de l'argent ».

Qui n'a pas entendu ces phrases ?

Il n'est pas difficile à comprendre, qu'elles aient été intégrées par nos ancêtres.

Les guerres, la famine, la didactique du pouvoir, la séparation des classes sociales, l'accès à l'éducation....

Nous héritons de mémoire, qui malgré nous, nous empêche d'avancer, d'évoluer.

La mémoire cellulaire peut renfermer des cadeaux, mais malheureusement beaucoup d'entre nous héritent du pire. Les croyances limitantes de nos ancêtres peuvent être multiples et les mémoires cellulaires nous sont transmises dès notre naissance, comme si nous n'y pouvions rien.

On peut mettre en évidence le viol des femmes qui se perpétuent de générations en générations. L'inceste dans les familles. La recherche infinie de la richesse extérieure par des biens de valeurs. Elle peut être le besoin de reconnaissance de sa valeur à tout prix, ou encore concerner également le besoin de cumuler les connaissances. Si dans la famille les hautes études sont mises en valeurs, alors nous devenons limités par ces croyances.

Souvent, ces schémas sont des tabous, des secrets de famille dont vous ne connaissez pas l'existence, et cela met encore plus de difficulté à les mettre en lumière.

Je vais vous faire rire dans l'exemple qui me vient à l'esprit : dans le film Paddington au Pérou, nous avons bien la représentation de ces croyances limitantes, qui se répètent de génération en génération. Ainsi, nous découvrons le délaissement de sa famille dans le but d'en améliorer ces conditions. Alors que finalement, tous ratent la chose la plus importante : apporter la sécurité affective à nos enfants. Le déshonneur d'un des membres de nos ancêtres peut transmettre, malgré lui, cette quête incessante de la richesse à ses descendants. Sans en comprendre le sens, juste pour améliorer le statut social. Briser ses schémas, peut permettre aux futures générations ne pas subir, elles aussi, ces croyances qui ne nous appartiennent pas.

Nos peurs profondes sont souvent le résultat de ces mémoires cellulaires.

Pour n'en citer que quelques-unes :

- La peur du manque
- La peur de l'abandon
- La peur du rejet
- La peur de l'échec
- La peur de ne pas être assez.

Un bien triste héritage que nous avons là. Et je suis convaincu, que tout le monde porte le poids du fardeau de nos ancêtres.

Que l'on soit né dans une bonne famille, ou dans une famille plus modeste, nous avons tous notre croix à porter. Cela peut aussi se traduire par un besoin d'éviter les conflits, de ne pas exprimer ses émotions, la quête incessante de reconnaissance, les dépendances affectives, les relations toxiques.

Bref, tant de croyances que nos familles se transmettent.

CHAPITRE 2

LA PEUR DU MANQUE TRANSMISE DE GENERATION EN GENERATION

"À force d'avoir peur de manquer demain, on risque de noyer sa joie dans l'espoir d'un hypothétique bonheur."

Jacques Nteka Bokolo

"La nourriture est un élément essentiel à notre survie"

"Nous ne connaissons cette peur que lorsque nous l'avons expérimentée nous-même, elle n'est pas vraiment accessible sans en avoir fait l'expérience »

Il y a tellement de croyances limitantes dans ma famille, qu'il a fallu faire un choix quant à la thématique. Il n'a pas été bien difficile, car je suis en ce moment même dans cette lutte. Cette croyance que j'essaie de dépasser et qui me freine et m'empêche d'avancer comme je le voudrais.

Dans le chapitre précédent, je vous parlais des rescapés de la Shoas et des marqueurs génétiques repérés sur les descendances. Cet exemple n'était pas anodin, elle retrace les origines de notre peur du manque chez les femmes de ma lignée. Même s'il me semble que cela vient bien au-delà de cette unique expérience.

Ma grand-mère est d'origine polonaise, elle a été frappée de plein fouet par la Seconde Guerre mondiale. Je ne connais pas toute l'histoire, bien entendu (les secrets de familles sont bien protégés). Mais déportée pendant la Seconde Guerre mondiale, elle se retrouve en France, où les conditions de son déplacement, je le sais, ont été traumatisantes.

La Pologne est aussi un pays qui a souffert de la pauvreté, la peur du manque est toujours très présente dans ces familles. Se retrouver en France avec une langue, dont on ne connaît rien, n'a pas dû être évident et améliorer les conditions.

Je me souviens que ma mère me disait comment les enfants de son école les appeler les "polack". Dans le dictionnaire, nous trouvons cette définition : "(Péjoratif) Relatif à une personne de nationalité polonaise".

Une maman qui arrive en France, sans connaître la langue et qui avait du mal à s'exprimer en français, et gérer l'administratif. Avec cette notion forte que les études ne servent à rien et que le plus important, c'est de travailler dans les champs.

Pas facile de sortir de cette peur du manque, aucune porte de sortie n'est proposée aux descendants. Ni possibilité d'étude, ni avenir.

Ma grand-mère est porteuse de la souffrance de ces ancêtres et de son propre vécu, et je ne la tiens pas pour responsable, ni ma mère d'ailleurs. Je suis juste compatissante pour leurs souffrances et leurs expériences.

Il me semble bien que j'ai appris l'existence de mes origines, très tard. Tellement ma mère était honteuse de cela. Ce n'est que lorsque j'ai exprimé, mon goût pour les cultures étrangères, que ma mère s'est enfin ouverte sur ce passé. Marqué par cette honte qu'elle gardait au fond d'elle. L'inhumanité des gens me laisse parfois perplexe, mais cela est un autre sujet.

Ma mère, ayant arrêté très tôt ces études pour travailler dans les champs, a dû quitter son foyer sous peine de travailler dans le seul but de soutenir financièrement sa famille. Une famille de 11 enfants, il faut bien gagner sa vie pour nourrir toute cette tribu. Les enfants rapportent l'argent, en avoir beaucoup est synonyme de trouver un équilibre financier chez les Polonais. Ce ne sont que le reflet des transmissions ancestrales que bien des familles connaissent. Alors ma mère décide de fuir, de fuir cette entrave et de vivre sa vie. Mais les choses ne se passent pas de la façon dont elle rêvait, remplie de rêve et d'espoir. Elle fait face, elle aussi, aux schémas répétitifs, dont je vous parlerai par la suite, et vit la peur du manque de plein fouet. Pas d'aide financière, elle doit se débrouiller seule.

Les schémas se répètent, difficultés à nourrir ces enfants, pas de possibilités de payer leurs études. Pas de baguette magique pour transformer nos croyances.

Naît alors cinq enfants, tous en quête de sécurité pour ne pas manquer. Nous avons tellement souffert de cela dans notre enfance que nous choisissons tous la sécurité. Nous épousons des partenaires que nous croyons aimer, mais qui ne nous aiment pas réellement en retour, pour ce que nous sommes. Soit, nous nous accrochons, soit nous perdons toutes les années où nous avons construit un patrimoine et il s'envole en éclat.

Je n'avais pas pour ambition de répéter ces schémas. Je suis la seule de ma famille à avoir dépassé le stade du baccalauréat.

Comment j'y suis parvenue ? Honnêtement, peu de personnes le savent, mais j'ai vécu des semaines sans manger, plus précisément une semaine par mois pendant trois ans. J'ai vécu trois ans sans frigo, attendant avec impatience l'hiver pour pouvoir mettre quelques produits frais à l'extérieur. Pas de canapé, pas de lit, pas d'armoire, et il semble me souvenir que j'ai pu avoir un petit réchaud prêté par une amie quelques mois après mon installation.

Je vous avoue qu'à la fin de ce bac + 2, j'ai décidé d'arrêter mes études et de travailler. La privation était trop difficile à gérer. Mes amies sortaient, se faisaient plaisir quand moi je restais enfermée chez moi, sans internet, avec seulement deux heures de forfait téléphonique par mois. Vous pourriez vous dire que j'aurais pu trouver un petit travail, mais j'ai fait un DUT, j'avais 35 h de cours par semaine, si ce n'est pas plus, et je ne voulais pas rater mes études. Le diplôme, c'était pour moi un gage de sécurité, tous les sacrifices en valaient la peine.

Je me demande, aujourd'hui, à l'écriture de ces lignes, comment j'ai pu réussir à aller au bout de ses études, avec tant de restriction, tant de décalage avec les autres étudiants.

J'ai bien essayé de contacter l'assistante sociale de mon université pour avoir de l'aide. Mais j'ai compris après coup qu'il aurait fallu pleurer pour qu'elle comprenne ma détresse. Quelques choses que dans ma famille, nous ne savons pas vraiment faire, nous sommes un peu trop résilients. J'avais appris d'ailleurs quelques mois plus tard qu'une amie étudiante avait réussi à obtenir une aide financière, alors qu'elle touchait beaucoup plus que ma simple petite bourse d'étudiante. Juste parce qu'elle avait pleuré. Je me suis refusée de m'abaisser à cela et de toute façon, j'en étais incapable. J'ai vécu des expériences bien plus douloureuses, manqué n'en faisait pas partie.

Vous l'aurez compris, la peur du manque est ancrée dans mes gènes, elle a été vécue par toutes les générations de ma famille et répétée inlassablement. En même temps, comment ne pas ressentir cette peur, après l'enfer que nous avons expérimenté, chacun tour à tour.

Vous connaissez, vous, ne pas manger, pendant une semaine tous les mois, et cela, durant trois ans ? Vraiment, faites-le une semaine, je vous défie de ne pas rêver d'un bon restaurant après cela, ou comme à cette époque, d'un bon kebab dont tous les étudiants raffolaient. Pour moi, cela représentait le Graal.

CHAPITRE 3

La destinée qui te rattrape

"Mieux vaut une conscience tranquille qu'une destinée prospère. J'aime mieux un bon sommeil qu'un bon lit"

Victor Hugo.

"On n'échappe pas au fardeau de notre lignée nous nous devons de le dépasser »

"Quand tu dois transformer les schémas répétitifs pour changer la mémoire familiale, le destin est un sacré farceur."

Pourquoi je parle de la destinée, qu'est-ce que cela vient faire là. Peut-être ne partages-tu pas les mêmes croyances, et ce n'est pas cela qui compte, mais par mon expérience, mes connaissances, je suis convaincu que nous sommes amenés à évoluer et qu'il faut pour cela transcender nos croyances limitantes transmises par nos ancêtres. D'ailleurs, Carl Jung qui a été un précurseur dans cette réflexion déclare :

« Les premières impressions de l'enfance accompagnent l'homme dans toute sa vie et que certaines influences éducatrices ont le pouvoir de le maintenir toute sa vie aussi, dans certaines limites. »

Il aborde également l'effet miroir de nos relations :

« Tout ce que nous voyons chez les autres n'est que le reflet de nous-mêmes. »

Quand nous avons conscience que nous recherchons chez l'autre ce que nous ne percevons pas en nous, et que le concept même d'une relation est de nous aider à évoluer et à transformer les parties de nous blessées, nous pouvons comprendre cette idée de destinée.

Car, oui, j'avais trouvé une vie stable, bien rangée, avec un emploi qui me donnait une certaine reconnaissance sociale. Pas le travail idéal, pas le travail ayant pour valeur mon diplôme, mais des relations qui m'élevaient au plus haut de moi-même. Lorsque que tout dérape.

Pour revenir au contexte de ce premier emploi qui ne vaut pas mon diplôme. J'ai quitté mes études en juin. J'ai un appartement à payer, pas de famille qui souhaite m'aider, je me débrouille seule comme toujours. Ou peut-être n'est-ce que cette croyance que nous devons taire nos difficultés, ne pas pleurer, ne pas demander de l'aide.

Ma bourse étudiante est terminée, je n'ai aucune ressource financière, cela fait quelques mois que je postule, essayant d'anticiper cette phase d'après diplôme, mais sans la confirmation de l'obtention de celui-ci, les entreprises restent prudentes, tant qu'il n'y a rien de sûr. Je ne les blâme pas, je comprends bien évidemment.

Alors, je continue à postuler et je finis par décrocher deux entretiens. Les deux entretiens marchent dans des structures qui m'impressionnent et dont je n'aurais jamais cru pouvoir accéder. Cependant, les contrats ne débutent qu'en septembre et je n'ai toujours aucune source de revenu. J'ai trois mois à vivre sans argent. Heureusement, j'ai un banquier qui m'a toujours épaulée et permis de trouver des solutions. Seulement, ce ne sont pas des emplois qui utilisent toutes mes compétences, mais je n'ai pas le choix. Je dois pouvoir me nourrir.

Avec ce premier emploi, je dépasse cette peur profonde du manque. J'arrive enfin à me nourrir correctement, à profiter de quelques soirées. J'arrive à créer des relations, n'étant plus recluse dans mon appartement et pouvant m'intégrer socialement.

Oh non, je ne gagne pas des milles et des cent, mais le SMIC pour moi, c'est déjà la liberté. La peur du manque est loin derrière moi, la mémoire et le bonheur de vivre, enfin, en ont effacé les traces, mais ce n'est qu'illusion. Je ne recherche plus la sécurité, je veux dépasser ma peur du manque et vivre de mes rêves, de ma passion. Je quitte mon travail si riche d'expérience, soutenue par ma responsable et mes collègues.

Mais bien entendu, tout ne se passe pas comme prévu. Vous pourriez vous dire que j'ai une certaine force en moi pour rebondir, mais ce n'est pas ce que veut le destin. Il m'a donc mis face à la répétition d'un des schémas de ma famille, pour réveiller au fond de moi cette vieille croyance non guérie, dont jusqu'à présent je refusais de faire. Celle qui, à chaque fois, met les femmes de ma famille dans cette situation de relation toxique face à la peur du manque. Âme sensible, attention, ce n'est pas la partie la plus plaisante de ce texte.

Au cours d'une soirée, le destin m'a rattrapée. J'ai malgré moi expérimenté avec violence ce que trop de femmes de ma lignée ont vécu. La perversion de l'homme et le viol

Mon cœur bat, il pulse bien trop rapidement à l'écriture de ces mots.

Mais la terreur est toujours bien présente en moi. C'est un viol qui a marqué ma vie, celui qui te met plus bas que terre, te laissant pour morte dans une ruelle. Celui où la vie semble disparaître, là où les mains serrent de plus en plus fort, pour t'empêcher de crier, de respirer. Où tes forces s'amenuisent et la vie commence à t'échapper. Ce moment où tu ressens ce besoin vital de sortir de cette emprise qui t'empêche de reprendre ton air et qui serre de plus en fort.

Je vais vous confier quelque chose. Il m'arrive parfois de le remercier d'avoir lâché prise, lorsque la perte de connaissance a fini par me terrasser.

Et occasionnellement, il m'arrive de le maudire de s'être arrêté, au vu de la souffrance qui a suivi. Ces mots sont durs, je le sais, et pourtant ils parviennent présents dans mon esprit, lorsque les épreuves sont trop dures.

Mon cœur se serre.

Après cela, j'ai vécu un enfer.

Agoraphobie, perte d'emploi, crise d'angoisse, des années de tortures à me débattre avec moi-même. Quinze ans pour être plus précise. Des entretiens d'embauche où ma voix tremblait tellement que j'échouais chaque entretien. Vous le voyez venir, le schéma qui se répète, le manque se fait de plus en plus ressentir. Apparemment, le destin s'amuse à répéter les schémas, pour qu'ils soient compris et dépassés. Malheureusement, avec les secrets de familles, les non-dits, il m'a fallu des années pour comprendre l'histoire qui se répète.

Toute la confiance en moi, ma joie, la confiance en la vie, la perte de mes espoirs, ceux qui m'ont toujours permis de garder le sourire face aux difficultés de la vie, se sont évaporés. Je finis par rencontrer quelqu'un qui m'accepte avec mes casseroles, j'apprends à le connaître, à l'aimer, nous envisageons de gros projets.

Ce n'est pas l'image que j'avais de mon futur partenaire, mais il a l'air gentil. Ma situation personnelle n'est pas un problème, pourquoi devrais-je rejeter la seule personne qui me tend la main depuis cette expérience ?

Mais peu à peu, je reprends goût à la vie, je reprends confiance en moi, j'ai envie de lui montrer que je suis capable et que je peux dépasser mes peurs. J'arrive à retrouver du travail malgré mes crises d'angoisses, mon stress.

Je dois vous le dire, cela n'a pas toujours été facile. Il m'est arrivé plusieurs fois d'abandonner un travail, car mes crises d'angoisses étaient trop fortes et la bienveillance ne fait pas partie du langage courant des employeurs.

Bref, je me relève tant bien que mal. Je retrouve une reconnaissance professionnelle, je retrouve confiance en moi. Mais ce n'était pas ce qui était prévu par mon partenaire. Il se met à critiquer tout ce que je fais, joue constamment avec mes insécurités, je suis trop. Je ne le blâme pas, il a sa propre expérience de vie, ses propres blessures et ses propres schémas familiaux à dépasser. S'ensuit alors plusieurs années avant que je décide de tout quitter.

C'est lorsque nous comprenons ce reflet miroir et la répétition des schémas familiaux que nous pouvons pardonner et permettre d'être bienveillant envers ceux qui nous ont fait souffrir. Aujourd'hui, nous avons de bons rapports et une fille en commun, nous nous devons de la protéger de ce qui se joue bien trop souvent dans les séparations.

CHAPITRE 4

La voie de la guérison

« Je ne regrette rien. Tout arrive pour une raison, cela fait partie du processus de guérison. La vie est un processus de guérison. »

De Richard Gere

"Entrouvrir une porte et laisser le chemin vous guider"

La prise de conscience peut être longue mais lorsqu'une brèche se créait il suffit de persister pour faire écrouler les croyances limitantes.

Ne croyez pas que c'est un chemin tranquille, il l'est, le résultat de résilience, de foi et de dépassement.

Trouver l'issue de secours qui vous permettra d'échapper au désespoir. C'est malheureux, mais il faut parfois en arriver là pour trouver la force en nous de nous dépasser. Cette envie profonde de changer ses mémoires familiales aux dépens de toutes nos peurs, et ce n'est pas une mince affaire.

La peur peut être paralysante, elle peut facilement nous faire emprunter l'autre chemin, celui le plus sûr, celui que nous connaissons. Croire en ses rêves, ces rêves profondément enfouis dont nous avons pleinement conscience lorsque nous sommes enfants. On peut les mettre de côté, mais ils sont toujours là, cachés quelque part.

Je pense d'ailleurs au Disney WISH qui met en avant la place des rêves et comment ils nous permettent de croire et de garder espoir, au risque que, si on les perd, nous tombions dans une profonde dépression, car nous n'avons plus rien à quoi s'accrocher. Les envies, les espoirs qui s'évanouissent lorsqu'on les oublie.

Je prends beaucoup d'exemples de films d'animation, mais ces exemples sont très pertinents, alors pourquoi s'en priver.

La première étape de la voie de la guérison se trouve dans la clé de vos propres limitations. Qu'elles étaient vos rêves, qu'est-ce qui vous a profondément motivé quand vous étiez petit ? De quoi parliez-vous tout le temps ?

Mettre le doigt dessus n'est pas chose aisée, mais il suffit d'écouter son cœur. De l'écouter encore et encore. S'il reste muet face à vos demandes, posez des questions à vos proches. Demandez-leur de quoi vous rêviez, petit. Si vous teniez un journal et que vous les avez gardés, relisez-les, peut-être se trouve le secret pour dépasser vos peurs.

Mon rêve, pour moi, c'était de trouver la stabilité par moi-même avec un partenaire qui me respecte. Finalement, j'avais fait tout le contraire de ce qui était prévu.

Certes, je ne manquais de rien, une belle maison, des équipements de qualité et d'une certaine valeur, mais je manquais de la chose la plus importante au monde : L'amour.

Celui qui t'apporte paix intérieure et bien-être général. Sans amour, nous ne sommes rien. La richesse ne comble pas ce manque. L'amour, le vrai, c'est celui qui te permet de traverser des tempêtes et des ouragans que la vie met sur ta route. C'est celui qui te porte aussi haut qu'il le peut.

Au fond de moi, je lui suis tellement reconnaissante de m'avoir ouvert les yeux, j'ai pu mettre en évidence les schémas répétitifs de ma famille, et je tente tant bien que mal de les dépasser.

Parfois, il suffit d'un rien pour ouvrir cette petite brèche, pour laisser passer la lumière et tout transformer. Je l'ai ouverte en suivant mon cœur. J'avais la possibilité de faire une formation, de suivre une autre voie que celle que j'avais prise et qui ne me convenait plus. Une voie plus proche de mon cœur, plus proche de mes envies profondes, celle d'aider les autres. Ce que mon cœur me crie depuis toujours. Une formation qui n'apporte pas la sécurité financière, bien au contraire. Et c'est pour cela que je suis en train d'écrire ces lignes. Mais j'ai envie d'y croire, de croire que l'on peut trouver la richesse dans un métier qui nous passionne. Un métier qui n'est en rien plus facile, mais plus aligné avec mes envies, mes rêves d'enfant. Celle qui nourrit beaucoup plus qu'une maison avec tout le confort nécessaire et même bien trop superflu.

CHAPITRE 5

Dépasser le chaos positivement

> « Il faut porter encore en soi
> un chaos pour pouvoir mettre au
> monde une étoile dansante. »
>
> **De Zarathoustra**

« Derrière chaque tempête
se cache le soleil »

Tout est une question de résistance....

Ne pas se laisser rattraper par nos peurs, c'est là toute la difficulté de la transformation. Et je vous garantis qu'elles referont surface régulièrement. Vous serez mis face aux défis afin de vous tester. Voir si vous êtes prêt à transformer vos croyances ou si vous y êtes si fortement attaché. Ce n'est vraiment pas un long fleuve tranquille, rempli de doute, de crainte. Les crises d'angoisses refont surface, les insomnies aussi.

À chaque fois que vous franchissez une étape, le destin se joue de vous et vous remet une épreuve à affronter. En mode : va-t-elle résister ou va-t-elle replonger ? Comme un drogué en phase de sevrage. L'appel ressenti est aussi fort que cela. Sans un soutien profond, vous n'y arriverez pas. Les amis ne sont pas de bon support, non pas dans le sens qu'ils sont insensibles à ce que vous traversez, mais ce sont des épreuves bien trop lourdes pour eux, ce n'est pas de leur responsabilité de vous accompagner dans ce chemin. Peut-être une fausse croyance là aussi, mais c'est comme cela que je me suis construite. Toujours éviter de parler, de demander de l'aide.

Et quand, avec force et courage, vous arrivez à dépasser vos peurs, la vie vous récompense, mais elle est vraiment très joueuse. Cela peut prendre des mois, d'ailleurs, à ce jour, cela fait un an que j'ai entamé ma transformation et embrassé cette formation. Et elle me replonge régulièrement dans mes doutes, à de nombreuses reprises. Chaque étape franchie amène son lot de difficultés supplémentaires.

Arriver à dépasser la peur est la chose la plus dure au monde quand elle est ancrée depuis des générations.

Parfois, je me demande comment j'arrive à résister, et ici, je tente mon dernier espoir. Je sais qu'au fond de moi j'ai toujours voulu écrire, et en même temps, tellement rejeté cette idée : voilà ce que mes peurs me crient : « Ce n'est pas pour toi, il n'y a que les grands qui puissent écrire. » Ceux qui ont fait de grandes études. Pour moi, les écrivains étaient toujours des « grands », des images de perfection, de sage. Ceux qui, bien souvent, m'ont permis de m'évader, de rêver et d'oublier. D'oublier les peines, les blessures. Une sorte de guérison temporaire qui me permettait un tant soit peu de sortir de ma douleur. Vu les conditions de l'enfance, de mes débuts dans la vie d'adulte, ils m'ont bien trop fréquemment, cruellement manqué. Me sentant incapable de créer la vie dans des pages vides. Et pourtant, aujourd'hui, j'ai envie d'y croire, et je peux vous dire que des larmes coulent sur mes joues au moment où j'écris ces lignes. Vous plongez dans mes rêves d'enfant, bafoués, un enfant devenu adulte aujourd'hui, épuisé par ses combats face à l'injustice, face aux défis perpétuels. Mais comme on dit, « les plus grands combats sont donnés aux meilleurs soldats ».

Entre parenthèses, si on pouvait m'oublier un petit peu, ce serait sympa. Une petite pause, une petite respiration me ferait le plus grand bien. Mais voilà, je souris à la vie, je reste bienveillante envers les autres. Là encore, une citation me vient :

« Les personnes les plus tristes font toujours de leur mieux pour rendre les autres heureux. »

Robin Williams

CHAPITRE 6

Sortir de sa zone de confort pour casser les schémas

"Heureux soient les fêlés, car ils laisseront passer la lumière".

Michel Audiar

« la roue tourne toujours dans le sens du vent »

Dépasser nos croyances en emprunter les chemins que nous refusons de prendre mais qui font appel à notre cœur.

Voilà, j'ai écrit ces lignes en deux jours. Le texte est court, mais il voulait sortir depuis longtemps. Je crois que l'envie d'écrire mon histoire date d'il y a six mois. Et la première fois que j'ai reconnecté avec l'appel de l'écriture était il y a un an, où j'ai complétement rejeté l'idée. Pensant que je n'avais rien à dire. Et aujourd'hui, je suis là à écrire ces lignes, bien sûr, je ne vous dis pas tout. Ici, on parle juste du manque et des schémas répétitifs, il y a eu tellement d'épreuves le long de ma route, tout aussi douloureuses que ce texte. Mais peut-être que cela sera dit dans un autre livre, une autre histoire, tout aussi poignante, bien qu'aujourd'hui elle résonne moins en moi que cette peur, car oui, ici et maintenant, je suis dans cette phase de doute, de crainte, et je ne sais pas ce que la suite me réserve.

Mais aujourd'hui, j'ai envie de croire que je peux changer la donne. Je résiste, comme à chaque fois où le destin me pousse à dépasser ma peur et à sortir de ma zone de confort. J'essaie donc de ne pas replonger dans la recherche de la sécurité. Alors j'écoute les cris de mon âme. Je le sais, la seule façon de transformer, c'est ce pourquoi notre cœur a toujours résonné. Je vous dirais bien la suite, mais aujourd'hui elle est incertaine, trop floue, impalpable. J'ai envie de vous dire que la petite fille en moi n'a plus peur, et j'ai même envie de vous dire que si elle réussit son pari, la vie changera, et qu'il peut en être de même pour vous. Mais je sais tellement que nos peurs nous rattrapent toujours. Je devrais relever ces défis certainement régulièrement. Mais au moment où j'écris ces lignes, je me dis que j'ai affronté tant de combats, tant d'échecs, que je ne peux pas lâcher aujourd'hui si près du but. Mes combats et mes sacrifices n'auraient servi à rien, et je me serais mené une vie trop dure jusqu'à présent pour lâcher maintenant.

Je remercie cette force en moi, cette résilience face aux défis de la vie. Aujourd'hui, par ce texte, je sors de ma zone de confort, j'ouvre ma voie. Je ne me cache plus derrière les sourires, je me mets à nu sur ces quelques pages, pour donner force et courage à tous ceux qui se battent au quotidien, à tous ceux qui vivent des épreuves et qui n'y croient plus.

Si mon parcours peut donner quelques rêves et quelques espoirs aux autres, comme les livres que je lisais moi-même pour rêver, m'évader et sortir de mes épreuves, alors le pari est gagné.

J'avoue que je ne peins pas le plus beau des tableaux, mais si vous êtes en train de lire ces lignes, alors peut-être que l'espoir est là et que finalement tout n'est pas perdu.

Il pourrait donner cet espoir à toutes ces personnes qui cachent leur tristesse derrière des sourires, qui luttent avec leurs propres démons et leurs schémas familiaux.

Sachez mesdames, messieurs que nous avons tous en nous de vieux schémas qui traînent le long de notre route. Les identifier est la première étape, la suite, c'est à vous de l'écrire. C'est à vous d'être conscient de la décision de continuer à les répéter ou de les transformer.

J'ai envie de vous dire quelque chose, ne me jugez pas si vous voulez bien. À la lecture d'un livre, La lignée d'**Aurélie Valognes**, l'histoire d'une femme qui correspond avec une autrice pour lui parler de ses rêves de devenir autrice. Je trouvais que cette jeune femme qui rêvait d'écrire avait trop d'attente, trop de pression face à cela, et je la jugeais, pensant que la seule chose qui compte, c'était d'essayer.

Finalement, je me retrouve avec les mêmes craintes. Et en tapant ces dernières lignes, je réalise à quel point je rêve moi aussi de cela. Dépasser ma zone de confort pour suivre ses rêves d'enfant dans un monde dans lequel l'on nous demande depuis tout petit d'être concrets. Que les rêves ce ne sont que des rêves et non pas une réalité. Devenir cette autrice, lorsque petite, je les imaginais être de grands sages que je mettais sur un piédestal, inatteignable. Mille excuses de vous avoir jugé, Louise, mille excuses de ne pas vous avoir compris.

Les derniers mots vont être posés, et je ressens toutes vos angoisses.

FIN

« *La plus grande richesse se trouve tout près de nous, elle est notre héritage, l'amour que l'on nous donne et de voir la joie dans les yeux de nos enfants, pas dans les biens matériels qui ne valent rien sans cela.* »

Par EDWIGE WOLF